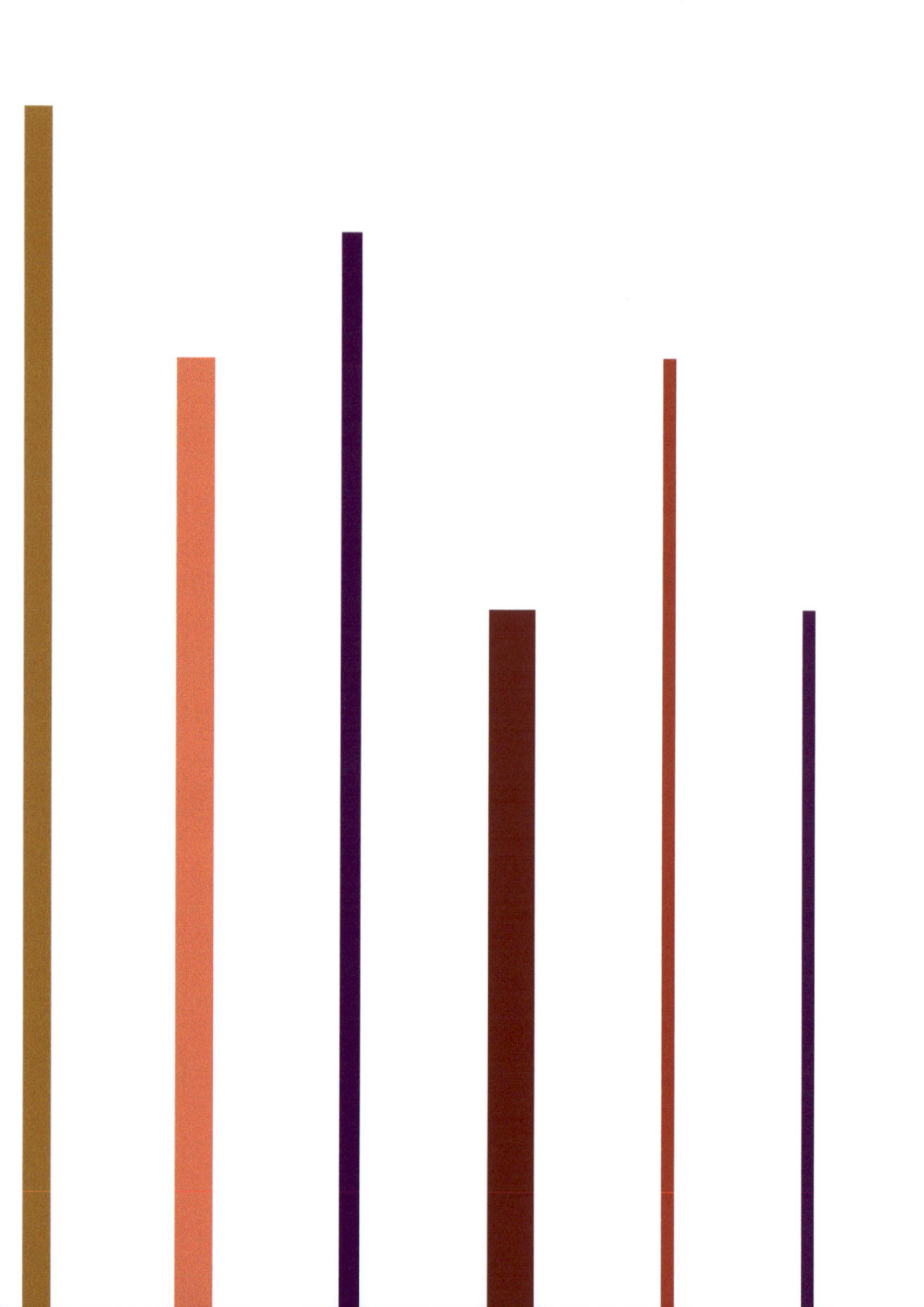

INHALT

VORWORT

Liebe Leserin, lieber Leser,
als Vorsitzender des Katholischen Pressebundes ist es mir
eine große Ehre und Freude, anlässlich des 50. Geburtstags
unseres Vereins einen kleinen Rück- und Ausblick zu wagen.

Ganz besonders freue ich mich über die vielen Glückwünsche,
die uns zum Jubiläum erreichten, darunter auch ein Schreiben
aus Köln, dem Heimatbistum des Katholischen Pressebundes,
von Generalvikar Dr. Dominik Meiering. Er dankt dem Katholischen Pressebund für sein Wirken und ermutigt uns, auch
weiterhin die Möglichkeiten der Presse- und Öffentlichkeitsarbeit zu nutzen, um die frohe Botschaft Christi zu den Menschen
zu tragen.

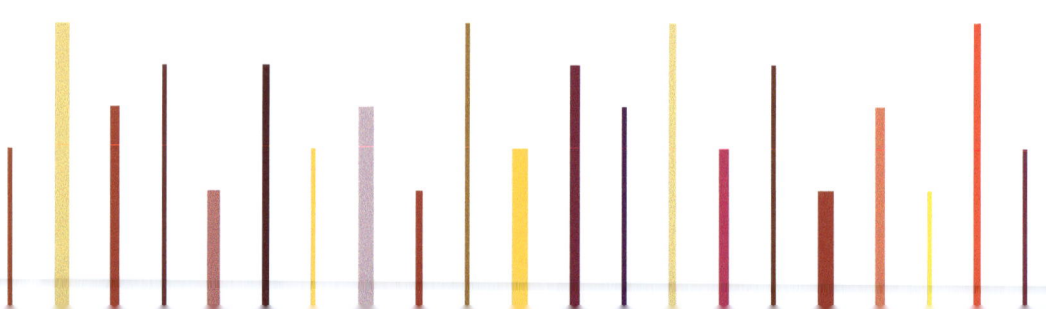

Mit seinen 50 Jahren ist der Katholische Pressebund kirchlich gesehen ein noch sehr junger Verband. Am Anfang seiner Geschichte stand der einfache Traum einer katholischen Wochenzeitung und die Hoffnung, der katholischen Tagespresse in Deutschland gut 20 Jahre nach ihrer Zerschlagung durch die Nationalsozialisten neu zu beleben. Doch im Laufe der Zeit kamen mit dem Wandel der Presse- und Medienarbeit weitere Anliegen hinzu, so zum Beispiel die journalistische Ausbildung junger Menschen aus Osteuropa, die Auszeichnung medialer Innovationsprojekte mit dem Antonius-Funke-Preis oder zuletzt die Veröffentlichung der Stundenbuch-App, die sich als überraschend großer Erfolg erwies.

Mit all seinen Projekten verfolgt der Pressebund seit jeher denselben Auftrag, der von seiner Gründung an klar definiert ist: »Die Mitwirkung der Kirche in den Medien zu intensivieren und dazu beizutragen, dass die Botschaft des Evangeliums in die Welt hineingetragen wird.« Dieser Auftrag ermutigt, immer wieder neu aufzubrechen, neue Mitstreiter zu suchen und zu fragen: Wie können wir das Evangelium heute sichtbar kommunizieren?

Um diese Frage stets zeitgemäß zu beantworten, hat der Pressebund bei seinem Wirken immer die katholischen Medienlaien im Blick, die in großer Zahl seine Mitglieder repräsentieren. Sie alle sind überzeugte Katholiken, die ihren Glauben als etwas sehr Positives wahrnehmen und diesen weitergeben möchten. Viele von ihnen engagieren sich in Pfarrgemeinden, Ordensgemeinschaften und Verbänden. Unter ihnen sind neuerdings aber auch Gläubige, die sich zunehmend abseits der bisher

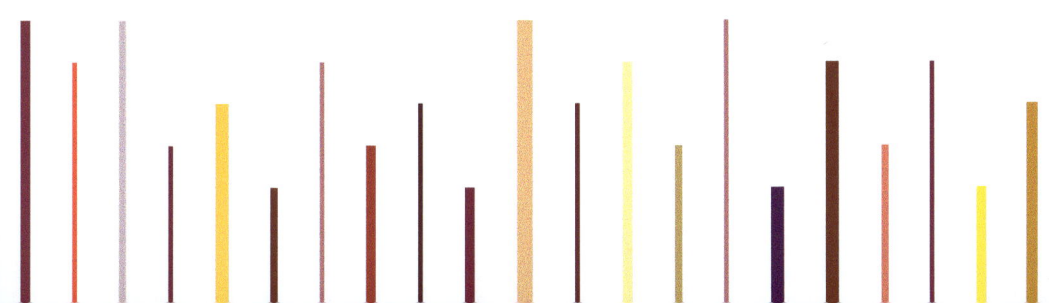

bekannten »alten« Strukturen beheimaten, wie Blogger, YouTuber oder Digital Nerds.

Das darf kaum verwundern: Die junge Generation ist so mobil wie nie zuvor, und das Internet ist zu einem festen Bestandteil des alltäglichen Lebens geworden. Die Echtzeitkommunikation ermöglicht ganz neue Potenziale, um den Glauben zu leben und darüber zu sprechen: Live-Streaming von Gottesdiensten auf YouTube, Gebetsabende via Skype oder die Pfarrbriefredaktion mit Google Docs. Die Medienkanäle verändern sich stetig – früher wie heute – und dabei setzt sich der Trend fort, dass es technisch immer weniger Kommunikationshürden gibt. Gerade für uns Christen ist diese Barrierefreiheit eine Chance, unseren Mitmenschen zu zeigen, wie wir leben, wie wir handeln und warum Christus uns ein Vorbild ist.

Vor allem auf Social-Media-Kongressen, wie etwa der re:publica, zeigt sich immer deutlicher, dass wir uns als Christen an solchen Orten einbringen müssen. Denn genau dort ist die Sichtbarkeit von Kirche kaum noch vorhanden, aber ihre Antworten werden dringend für die Zukunftsgestaltung unserer Gesellschaft gesucht.

Für uns und unseren Auftrag bedeutet dies, dass wir endlich anfangen müssen, digital zu sprechen, digital sprachfähig zu werden und interessierte Katholiken gezielt medial sprachfähig zu machen. Deshalb wird der Katholische Pressebund als eines seiner nächsten Projekte noch in diesem Jahr damit beginnen, jungen Katholiken Medientrainings anzubieten. Kirche muss kreativ, innovativ und medial zukunftsgewandt sein, und dafür

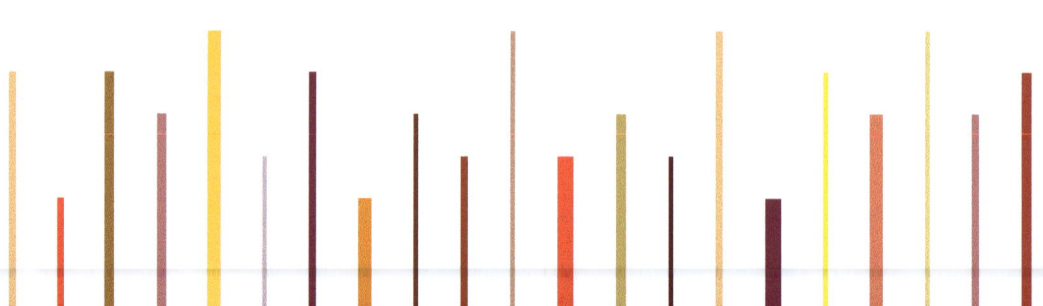

braucht es mutige Menschen, die Lust haben, die medialen Chancen zu nutzen. Dafür bietet der Katholische Pressebund auf jeden Fall den richtigen Raum.

Das ist in besonderer Weise auch dem Einsatz meiner Vorstandskollegen und den Mitgliedern des Vereinsrates geschuldet, denen ich meinen herzlichen Dank aussprechen möchte. Ich danke ihnen für ihre Unterstützung, ihre Talente und die Zeit, die sie investieren, um dem Katholischen Pressebund ein Gesicht, viele Gehirnzellen, tatkräftige Hände und einen so ermutigenden Geist zu schenken.

Es tut gut zu wissen, dass sich immer wieder neue Menschen für das Anliegen unseres Verbandes begeistern lassen. Von dieser Gewissheit bestärkt, lade ich Sie ein, gemeinsam die nächsten Schritte in die Zukunft zu gehen!

Lesting

Ihr Stefan Lesting
Vorsitzender des Katholischen Pressebundes

FÜNF JAHRZEHNTE KATHOLISCHER PRESSEBUND

Seit fünf Jahrzehnten setzt sich der Katholische Pressebund (kurz Pressebund) als gemeinnütziger Förderverein in Deutschland für die katholische Presse- und Medienarbeit ein.

Seinen wesentlichen Auftrag sieht er damals wie heute darin, die Mitwirkung der Kirche in den Medien zu intensivieren und dazu beizutragen, dass die Botschaft des Evangeliums in die Welt hineingetragen wird. Ein wichtiger Bestandteil für die Erfüllung dieses Auftrags war von Beginn an die Unterstützung und Förderung des katholischen Nachwuchsjournalismus und der Medienarbeit. Beispiele aus der Geschichte des Katholischen Pressebundes sind die Aus- und Weiterbildung junger Journalisten aus Ost- und Mitteleuropa im ifp-Ostkurs oder der nach dem Vereinsgründer benannte Antonius-Funke-Preis, mit dem von 2005 bis 2008 Arbeiten junger Volontärinnen und Volontäre ausgezeichnet wurden. In der neuen Geschichte kamen Projekte wie die Stundenbuch-App hinzu und die Umwandlung des Antonius-Funke-Preis in einen medialen Innovationspreis, um Projekte zu fördern, die über die neuen Medien Werte vermitteln.

Podium beim
Katholikentag 2014

Rückblick auf 50 Jahre Vereinsgeschichte

Die »amtliche« Geburtsstunde des Katholischen Pressebundes (KPB) schlug am 10. Juni 1965 mit der Eintragung in das Vereinsregister des Kölner Amtsgerichts. Die interne Gründung durch ein zehnköpfiges Gremium unter Vorsitz des damaligen Kölner Prälaten Antonius Funke war bereits am 16. März desselben Jahres erfolgt. Weitere Monate vergingen, bis die Initiative – nach Anerkennung ihrer Gemeinnützigkeit – Ende Oktober 1965 durch einen Artikel und eine Beilage in der in Würzburg erscheinenden »Deutschen Tagespost« publik wurde. Die Gründung des Katholischen Pressebundes wurde angestoßen durch das Zweite Vatikanische Konzil, das nicht nur insgesamt die Verantwortung der Laien in der und für die Kirche herausstellte, sondern im Dekret »Inter mirifica« auch dezidiert dazu aufrief, die »sozialen Kommunikationsmittel« für das kirchliche Apostolat zu nutzen. Dieser Aufgabe stellten sich in der ersten Stunde des Pressebundes Priester und Laien. Acht der zehn Gründungsmitglieder waren Laien, darunter vier Frauen. Ein Mitglied des Pressebundes in dieser Zeit war der spätere Kölner Erzbischof und Vorsitzende der Deutschen Bischofskonferenz, Kardinal Joseph Höffner, damals noch Theologieprofessor in Münster.

Zum ersten Vorsitzenden des Katholischen Pressebundes wurde Prälat Antonius Funke gewählt, der sich damit im Alter von 73 Jahren noch einmal einer »neuen Lebensaufgabe« stellte. Fast 17 Jahre, bis zu seinem Tod im September 1982, übte er dieses Amt aus. Funke sah im Pressebund eine »Pioniertruppe« für die katholische Presse in Deutschland. Dem Verein schrieb

er auf die Fahne, für die Schaffung und Verbreitung »guter
Druckschriften aller Art« einzutreten sowie »Auswüchse in
Presse, Hörfunk und Fernsehen« zu bekämpfen. Obwohl die
Zahl der KPB-Mitglieder relativ rasch auf rund 2.500 anstieg
und das Spendenaufkommen nicht unerheblich war, erreich-
te der Prälat nicht sein vorrangiges Ziel. Er hatte gehofft, die
katholische Tagespresse, wie sie seit Mitte des 19. Jahrhunderts
in Deutschland entstanden war und – mit rund 350 Blättern –
bis zu ihrer Zerschlagung durch die Nationalsozialisten in den
1930er-Jahren existiert hatte, wiederbeleben zu können.

Funkes Tod warf die Frage nach der Zukunft des Pressebundes auf. Der bisherige Vorstand und die Kölner Geschäftsstelle
standen nicht mehr zur Verfügung. Im Januar 1983 bekräftigte
die Mitgliederversammlung jedoch den Willen zum Weiter-
machen und zu einem »Neubeginn«. Mit Konrad Q. Kraemer,
damals Chefredakteur der Katholischen Nachrichten-Agentur
(KNA) in Bonn, wurde ein Medienpraktiker, der auch über
Erfahrungen und Kontakte auf internationaler Ebene verfügte,
zum Vorsitzenden des Vereins gewählt. Dem neuen Vorstand
gehörte in dieser Zeit unter anderem der in den 30er- und
40er-Jahren als »Ruhrkaplan« und später als »Bunkerpfarrer«
bekannt gewordene Msgr. Carl Klinkhammer an. Der Priester,
im Januar 1997 im Alter von 93 Jahren in Düsseldorf gestorben,
setzte im Pressebund sein publizistisches und journalistisches
Engagement aus früheren Jahren fort.

Zum Jahreswechsel 1984/85 wurde die bis dahin provisorisch
in Bonn befindliche KPB-Geschäftsstelle ins benachbarte Sankt
Augustin verlegt. Die Geschäfte führten ehrenamtlich Bruni

Geuter, soeben als Geschäftsführer der Arbeitsgemeinschaft Katholische Presse in den Ruhestand getreten, und der damalige KNA-Geschäftsführer Wilhelm Finge.

Neuanfang in den 90er-Jahren

Die Ära von Kraemer, Klinkhammer sowie des Kölner Hörfunkjournalisten und Diakons Josef Sourek, in der eine neue Satzung die Vereinszwecke ausschließlich auf die Förderung der katholischen Medienarbeit beschränkte, endete 1989. Den KPB-Vorsitz übernahm Dr. Alois Rummel, ehemaliger Hörfunkdirektor beim früheren Südwestfunk und zuletzt Chefredakteur der Wochenzeitung Rheinischer Merkur. Stellvertretender Vorsitzender wurde Prälat Erich Strick, zu dieser Zeit Chefredakteur und später Geistlicher Berater der Kirchenzeitung für das Bistum Aachen. Unter Rummel und dem von 1990 bis Anfang 1997 amtierenden Geschäftsführer Willy Trost konnte der

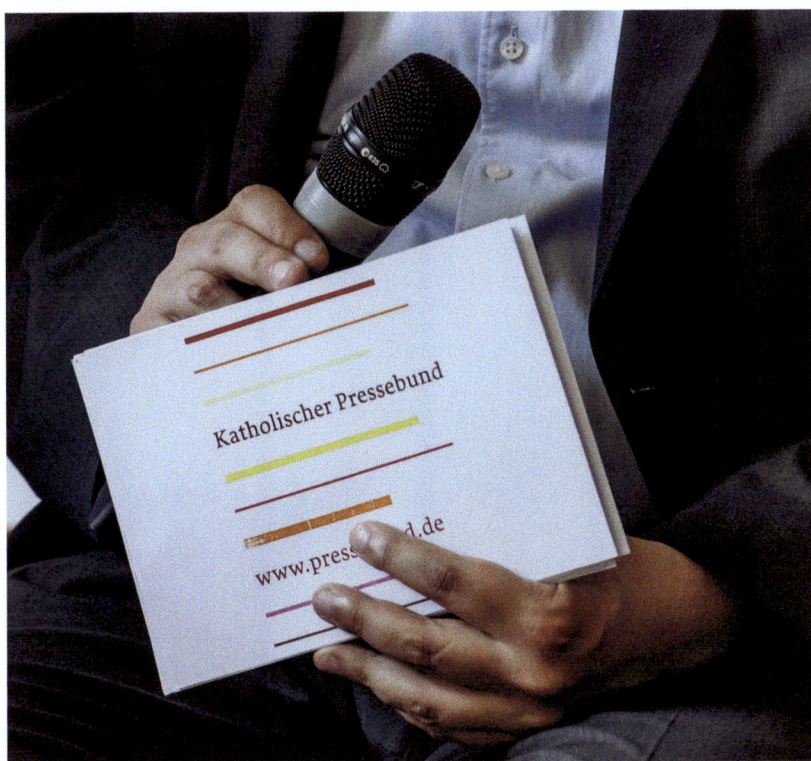

KPB nach einigen Einbrüchen die Zahl seiner Mitglieder und Förderer sowie das Spendenaufkommen wieder stabilisieren. Gemeinsam mit der Arbeitsgemeinschaft Katholischer Verbände wurden verstärkt Aktivitäten gegen die »katastrophale Entwicklung gerade vieler Fernsehprogramme« und gegen die »Auswüchse der Pressefreiheit« angegangen.

Bei der Mitgliederversammlung 1994 legte der nunmehr 71-jährige Rummel den KPB-Vorsitz nieder. Mit dem damals 63-jährigen Karl Heinz Hock wurde wiederum ein Chefredakteur der KNA an die Spitze des Vereins gewählt. Die Kritik an antikirchlichen und -religiösen Tendenzen in Gesellschaft, Medien und Politik thematisierte er immer wieder auch in der zweimonatlich erscheinenden Mitgliederzeitschrift »Pressebund-Info«. Vordringliche Aufgabe für den Vorstand unter Hock war die weitere Stärkung des KPB in wirtschaftlich und gesellschaftlich schwieriger gewordenen Zeiten.

Nach vierjähriger Amtszeit kandidierte Hock, inzwischen als KNA-Chefredakteur in den Ruhestand getreten, nicht mehr für den Vorsitz. An der Spitze des Vereins stand jetzt Günter Beaugrand. Für die Mitarbeit im fünfköpfigen Vorstand konnten mit Josef Dewald (65), dem früheren Chefredakteur der Freiburger Diözesanzeitung Konradsblatt, und Theo Hell (62), Geschäfts-

Günter Beaugrand war Vorsitzender von 1998 bis 2005

führer der Arbeitsgemeinschaft Katholische Presse, zwei weitere erfahrene Medienpraktiker gewonnen werden.

Wie Beaugrand seine Amtszeit erlebte, beschreibt er mit seinen eigenen Worten:

» *In den sieben Jahren als Vorsitzender konnte ich mich auf engagierte und erfahrene Vorstandsmitglieder wie Prälat Erich Strick, Josef Dewald und Theo Hell stützen. Vor allem das KNA-Team mit Wilhelm Finge, Josef Schlösser und Albert Steuer erwies sich als so kompetent, dass die ganze Palette der Tagesarbeit des Pressebundes gesichert war, zumal auch das ›Pressebund-Info‹ in Zusammenarbeit mit KNA redigiert und gedruckt wurde.*

Es machte mir Freude, regelmäßig im ›Pressebund-Info‹ Beiträge veröffentlichen zu können, in denen sich auch das breite Themenpektrum des Pressebundes widerspiegelt. Dazu nur einige Beispiele: ›Zauberwort Multimedia – Revolutionärer Wandel der Informationsgesellschaft‹, ›Zwischen Wächteramt und Skandaljournalismus – Wiedergewinnung der publizistischen Kultur als Zielsetzung‹, ›Die schlechte Nachricht ist die gute Nachricht – Die Freiheit der Medien als Voraussetzung einer demokratischen Gesellschaft‹, ›Kirchenpresse in der Krise – Kooperation als Chance und Herausforderung‹, ›Alle Maßstäbe verwischt – Quotenfang auf Kosten von Glauben, Religion und Kirche‹.

Wie erkennbar, verpflichtete mich der Pressebund dazu, in puncto Medien stets auf dem Laufenden zu bleiben und die gravierenden, immer schneller rotierenden Veränderungen im Bereich der Medien mitzuverfolgen und zu verarbeiten. Zugleich machte ich mich naturgemäß mit den Anfängen des Pressebundes, seinen Gründern

und der Gründungszeit, den ursprünglichen und dann den jeweili-
gen Entwicklungen angepassten Veränderungen vertraut. Es ist hier
nicht der Platz, sie im Einzelnen darzustellen, zumal hierzu bereits
informative und kompetente Publikationen vorliegen.

Wohl aber möchte ich kurz eingehen auf die Festveranstaltung zum
35-jährigen Bestehen des Pressebundes im Oktober 2000 in Bonn.
Denn dieses Ereignis darf ich sicherlich als den Höhepunkt meiner
Amtszeit als Vorsitzender bezeichnen. Damals gelang es uns, überaus
zustimmende Grußworte von Kardinal Karl Lehmann, Kardinal
Joachim Meisner und dem Medienbischof Hermann Josef Spital zu
bekommen, deren Kernaussagen die wichtige Funktion des Presse-
bundes für Kirche und Gesellschaft betonten.

Der Stellvertretende Vorsitzende der Publizistischen Kommission der
Deutschen Bischofskonferenz, Weihbischof Friedrich Ostermann,
hob in seinem Festvortag zum Thema ›Medienethik aus der Sicht der
Kirche‹ besonders hervor, dass zum Medienethos vor allem die Ver-
antwortung für die menschliche Entfaltung ›auf seine ganze Wirk-
lichkeit hin‹ gehöre. Mediennutzer, Medienschaffende und politisch
Verantwortliche seien verpflichtet, dieser Ethik zu folgen und alles
zu unterlassen, was die Würde des Menschen verletzte. Besondere
Beachtung fand auch der Vortrag des früheren Chefredakteurs des
›Rheinischen Merkur‹ und Vorsitzenden des Pressebundes von 1990
bis 1994 Dr. Alois Rummel, der den Pressebund als ›Instrument des
Medienapostolats‹ bezeichnete. Er könne dazu beitragen, die Glau-
benskraft der Christen zu stärken und sie überzeugend in den Medien
darzustellen. Seit seiner Gründung im Jahr 1965 habe der Pressebund
mehr als zwei Millionen D-Mark gesammelt und für die Förderung
der katholischen Medien, für die Ausbildung junger katholischer

Journalisten und nach der Wende für katholische Medien und Multiplikatoren in den früheren kommunistischen Ländern Osteuropas verwandt.

Fünfzehn Jahre sind inzwischen seit dem Fest zum 35-jährigen Bestehen des Katholischen Pressebundes vergangen. Fünfzehn Jahre liegen zwischen dem, was damals gesagt und geplant war und zum Teil längst vom Strom der Zeit weggespült wurde. Und ich selbst, früher auch Vorsitzender des Fachhauses ›Neue Medien‹ in der einstigen Arbeitsgemeinschaft Katholische Presse und Autor zahlreicher Bücher, Dia- und Tonbildreihen zum Thema Medien, stehe heute, alt geworden, ratlos daneben, wenn meine Enkel blitzschnell mit ›ihren‹ Medien hantieren, im Handumdrehen alle Fragen mithilfe des Internets beantworten und spielerisch ihre Smartphones unter Strom halten. Sie sind mit ihren Digitalgeräten verwachsen, deren Geheimnisse sich auch einstigen Medien-Experten kaum entschlüsseln. Unsere damalige Medienwelt hat sich wirklich völlig verändert und setzt auch andere Maßstäbe voraus, sie in der rechten Weise zu gestalten und zu nutzen.

Doch der heutige Pressebund wird sich auch mit diesen ›Rätseln‹ beschäftigen müssen – und er wird gewiss Wege finden, wie er mit den neuen Herausforderungen fertig wird. Denn auch für die Altvorderen des Pressebundes waren zu ihrer Zeit die Anforderungen neu, und sie standen sicherlich zunächst fragend und forschend ›daneben‹, bis sie sich auf den Weg machten, nach Lösungen suchten und dann auch fanden. Dafür wünsche ich dem ›neuen Pressebund‹ und seinen Mitstreitern Glück und Erfolg!«

Nach sieben Jahren im Vorsitz, im Mai 2005 legte Beaugrand dann, bedingt durch die schwere Erkrankung seiner Frau, schweren Herzens sein Amt nieder.

Aufbruch in die digitale Welt

In Helmut S. Ruppert, dem ehemaligen Chefredakteur der KNA, fand der Pressebund einen würdigen Nachfolger. Ruppert führte zusammen mit Josef Schlösser als zweiten Vorsitzenden die Vereinsgeschäfte mit großem Elan weiter, sorgte für die regelmäßige Herausgabe des »Pressebund-Info« und stellte der Tradition folgend die Unterstützung des ifp-Ostkurses sicher.

Dennoch konnten auch sie den sinkenden Mitgliederzahlen nicht entgegenwirken, sodass der KPB schließlich seinen Fortbestand bedroht sah. Es galt, die Nachfolge zu regeln und den Verein neu aufzustellen. Dieser Herausforderung trat der 2010 zum neuen Vorsitzenden gewählte Kapuzinerpater Paulus Terwitte gemeinsam mit Stefan Lesting als zweiten Vorsitzenden entgegen. Unter ihrer Regie wurden jüngere Mitglieder für den

Bernhard Wehres mit Sr. Katharina beim Katholikentag in Mannheim.

Vereinsrat gewonnen, und auch der Posten des Schatzmeisters konnte nach langer Vakanz mit Bernhard Wehres, einem neuen Vereinsmitglied nachbesetzt werden. Der Verein erhielt darüber hinaus ein frisches Corporate Design, die Geschäftsstelle in der Konrad-Adenauer-Allee wurde aufgelöst, und der Pressebund erhielt eine neue Adresse im modernen katholischen Medienhaus in Bonn und eine Reorganisation der Finanzen.

Auch inhaltlich kam es zu einer Neuausrichtung. Die digitalen Medien, allen voran das Internet, rückten als neuer Schwerpunkt verstärkt in den Fokus der Projektarbeit. So wurde der Antonius-Funke-Preis 2012 zum ersten Mal als medialer Innovationspreis ausgelobt. Gefördert werden nunmehr Projekte, die auf dem christlichen Glauben beruhen und die aktuellen Medientrends berücksichtigen, wie Online-Kommunikation und insbesondere Social Media. Ebenfalls seit 2012 beteiligt sich der Pressebund mit Veranstaltungen rund um das Thema Medien aktiv an den Katholikentagen, wo er neuen Schwung mit neuen Formaten, wie einer interaktiven Erlebnisshow, einbringt. Einen überraschend großen Erfolg stellt das 2013 veröffentlichte digitale Brevier dar. Die App, die das Stundenbuch kostenlos auf das Smartphone bringt, zählte in den ersten zwölf Monaten über 40.000 Installationen. Das Studenbuch wurde mit der App in diesem Zeitraum über 1,5 Millionen gebetet.

Trotz des notwendig gewordenen Wandels stimmte Terwitte den neuen Vorstand darauf ein, die Geschichte des Pressebundes »in Respekt vor der langen Tradition des seit 1965 bestehenden Vereins« im 21. Jahrhundert fortzuschreiben. Dazu gelte es, *die satzungsgemäßen Ziele, darunter Medienerziehung und Förderung der katholischen Publizistik, ins Heute zu übersetzen – und zwar mit Blick auf morgen«*. In diesem Sinne ermutigte Br. Paulus die jungen Mitglieder des Vorstandes und des Vereinsrates, die Satzung und die Vereinsziele noch einmal in den Blick zu nehmen und zu aktualisieren. Dabei wurden Wahlzeiten auf zwei Jahre verkürzt und der Begriff der Pressearbeit auf die Medienarbeit ausgeweitet.

2014 trat Terwitte als stellvertretender Vorsitzender in die zweite Reihe, und Stefan Lesting, Pressesprecher der KJA Köln und des BDKJ in der Stadt in Köln, übernahm das Steuer.

Lesting organisierte im Rahmen der re:publica 2014 den ersten Stammtisch für katholische Blogger und Social-Media-Akteure, der sich auch im Mai 2015 wieder versammelte. Der informelle Austausch und die Vernetzung im Rahmen der größten europäischen Social-Media-Konferenz wurde sehr positiv angenommen und entsprechend gut besucht.

Den Blick auf morgen gerichtet hat sich der Pressebund viel vorgenommen. Neben der Weiterentwicklung der Stundenbuch-App für die Nutzung auf verschiedenen neuen Endgeräten ist die Umsetzung eines virtuellen Schaukastens für Pfarreien geplant, der Schluss machen soll mit vergilbten Plakaten und Zettelwirtschaft. Auch im Bereich der Fortbildung wird sich der Verein stärker einsetzen und mit katholischen Medientagen interessierte Jugendliche für die Öffentlichkeitsarbeit in Gemeinden und Verbänden fit machen.

Der Pressebund hat zwar noch nicht alle Schwierigkeiten der vergangenen Jahre überwunden, doch befindet er sich auf einem guten Weg der Erneuerung.

In seiner langjährigen Geschichte hat sich der Verein als eine Institution etabliert, die aus der katholischen Medienlandschaft nicht mehr wegzudenken ist. Es besteht der begründete Anlass zur Hoffnung, dass dies auch in Zukunft so bleibt – nicht zuletzt Dank seiner Mitglieder und Förderer.

Preisträger des
Antonius-Funke-Preis, 2013

GRENZEN DURCHBRECHEN – INNOVATION LEBEN

Im Rahmen der Jubiläumsfeier des Pressebundes hielt der Jungunternehmer Titus Lasse Wilk einen ermutigenden Vortrag über das Thema Innovation. Der 24-Jährige hat in Bamberg und Dublin studiert und zwei Jahre lang beim Apple-Konzern gearbeitet. Gemeinsam mit zwei Freunden hat er das Unternehmen »kala your life« gegründet, das auf Next-Generation-Marketing spezialisiert ist.

Nachstehend geben wir den mündlich gehaltenen Vortrag in bearbeiteter Form wieder.

Titus Lasse Wilk

In der heutigen Zeit entwickelt sich alles so schnell, dass Innovationen zu einem immer bedeutsameren Aspekt für jede nach vorne gewandte Gemeinschaft werden, die für die Zukunft gut aufgestellt sein will. Deshalb bin ich sehr dankbar dafür, hier und heute über das sehr spannende und wichtige Thema Innovation zu reden. Ich hoffe, dadurch vor allem dazu beizutragen, dass der Kreis, der die nächsten Jahre des Pressebundes plant, die richtige Richtung einschlägt und sich nicht zu kleine Ziele steckt, sondern wirklich etwas schafft, das größer ist als alles, was es bisher gab.

Stellen wir uns zu Anfang die Frage: Was heißt Innovation? Innovation heißt wörtlich übersetzt Erneuerung. Aber was bedeutet das genau, was ist eigentlich ›neu‹?

Im wirtschaftlichen Sinne redet man von Innovation, von Erneuerung immer dann, wenn etwas deutlich, um Welten, voraus ist. Ein Beispiel: Wenn ich aus ganz normalen Glühbirnen LED-Lampen entwickle, dann ist das noch keine Innovation. Das Produkt ist dann vielleicht bisschen besser als vorher – aber komplett neu ist es nicht. Wenn ich aber ein ganz normales Mobiltelefon zu einem Touchscreen-Handy weiterentwickle, also zu einem Telefon, das ich ganz anders bediene und nutze als bisher, dann ist das eine Innovation. Dieses grundsätzliche Verständnis ist sehr wichtig, wenn man von Innovation spricht. Bloße Verbesserungen bringen nämlich niemanden voran.

In einem Unternehmen nennt man so etwas auch Zehn-Prozent-Ideen. Das sind Ideen, die den Umsatz um höchstens zehn Prozent steigern, aber letztlich nicht das große Geld bringen.

Wenn man von Innovationen redet, dann sind das Ideen, die den Umsatz verzehnfachen können, die das komplette Spiel ändern, die auf ganz anderen Grundpfeilern aufgebaut sind. Um in diesem Sinne innovativ zu sein, müssen Sie Ihre Denkmuster komplett ändern.

Kinder als Vorbild

Nehmen wir als anschauliches Beispiel eine einfache Büroklammer und folgende Aufgabe: Wie viele Verwendungsmöglichkeiten gibt es wohl für eine Büroklammer? Menschen ab 20 Jahren kommen mit etwas Zeit in der Regel auf 20 bis 30 Verwendungsmöglichkeiten für eine Büroklammer. Jemand, der in dieser Übung gut ist, hat vielleicht 50 bis 60 Ideen.

In einer Studie hat man diese Aufgabe Kindergartenkindern gestellt. Und die sind im Durchschnitt auf 200 Möglichkeiten gekommen, wie man eine Büroklammer benutzen kann. Das ist das Interessante: Kinder gehen offensichtlich ganz anders an solche Problemstellungen heran. Sie fragen sich zum Beispiel: Was könnte man mit dieser Büroklammer machen, wenn sie aus Gummi wäre und 200 Meter hoch? Oder: Was könnte man mit dieser Büroklammer machen, wenn sie fliegen könnte?

Kindern, besonders kleinen Kindern, fällt einfach etwas ein, ohne dass sie wissen, was richtig oder falsch sein könnte. Sie sind sich der Grenzen nicht bewusst, die wir als Erwachsene im Kopf haben. Wir denken: Mit dieser Büroklammer können wir auf gar keinen Fall ein Schiff an einem Kai festbinden, die ist ja viel zu klein. Ein Kind hingegen würde sagen: Naja, wenn

Wie viele Verwendungsmöglichkeiten gibt es wohl für eine Büroklammer?

die Klammer flexibel wäre und wenn ich sie aufbiegen könnte, dann kann ich damit auch ein Schiff festbinden. Und im Prinzip ist diese Herangehensweise genau das, worum es bei Innovationen geht: Die wirklich innovativen Ideen kommen erst dann, wenn Sie Ihre Denkmuster grundlegend ändern. Dann finden Sie plötzlich viel mehr Lösungen für ein Problem.

Natürlich sind bei den Ideen von kleinen Kindern viele dabei, die nicht funktionieren. Aber genauso gut haben sie Ideen, an die wir Erwachsenen gar nicht gedacht hätten, weil wir immer nur in unseren alten Denkmustern bleiben.

Denkmuster durchbrechen

Hier drängt sich natürlich die Frage auf: Woher kommen eigentlich unsere begrenzten Denkmuster?

Vor zwei Jahren hab ich an einem Coaching-Seminar teilgenommen, und da ist mir einiges klar geworden: Menschen denken in Paradigmen, weil sie geprägt sind durch das, was sie ihr ganzes Leben lang erfahren haben. Das beginnt bereits mit der Erziehung. Wir sagen kleinen Kindern: ›Fass das nicht an!‹, ›Spiel nicht damit rum‹, ›Lass das!‹ oder ›Das hat keinen Sinn!‹. Auf diese Art und Weise werden schon die Jüngsten unserer Gesellschaft in das System der begrenzten Denkmuster hineingetrieben.

Das Ganze setzt sich dann auf dem späteren Bildungsweg fort. Während meines Studiums habe ich es empfunden, dass kreative Gedanken im Keim erstickt werden. Das zeigt sich besonders in den Prüfungen, die fast nur noch aus Multiple-Choice-Tests bestehen, bei denen wir nur noch die richtige Antwort ankreuzen müssen. Das bedeutet: Will ich eine Frage mit meinen eigenen Worten beantworten, also anders als vom Dozenten vorgesehen, bekomme ich dafür Minuspunkte, obwohl die Antwort vielleicht richtig wäre. Studenten haben also schon rein formal gar keine Chance, sich in neuen Denkmustern zu bewegen.

In Job oder Karriere geht es weiter. Hier bekommt man ständig beigebracht: So hat es zu funktionieren, so sind die Regeln, so musst du es machen. All das trägt dazu bei, dass wir in Grenzen denken. Und je älter wir sind, umso mehr hängen wir in den entsprechenden Denkmustern fest.

Innovative Lösungen existieren, wie ich schon sagte, nur dann, wenn es keine Grenzen gibt. Und dazu müssen Sie die Denkmuster durchbrechen. Aber wie funktioniert das? Wie können Sie innovativ denken?

Die Antwort ist: Fragen Sie! Durch verschiedene Fragen, die Sie sich selbst stellen, können Sie Ihre gewohnten und anerzogenen Denkmuster durchbrechen. Sie müssen nur den Mut haben, wie ein Kind zu denken, und sich auch ganz unsinnige Fragen stellen, wie bei der Büroklammer-Aufgabe. Im Prinzip geht es darum, ungewöhnliche Wege zu gehen, um zu absolut ungewöhnlichen Lösungen zu kommen. Natürlich können Sie nicht alle Ideen nachverfolgen, aber auf dem Weg dorthin kommen Sie auf jeden Fall auch zu Lösungen, die – vielleicht kombiniert mit einer anderen Idee – tatsächlich Sinn machen.

Was ich mich in meinem Arbeitsalltag oft frage, wenn ich ein Problem mit einem Kunden lösen soll: Kenne ich jemanden, der das Problem lösen kann? Vielleicht könnte Barack Obama oder Richard Branson oder Angela Merkel das Problem lösen. Also irgendjemand mit mehr Einfluss und Möglichkeiten, als ich sie habe. Als nächstes frage ich mich: Was würde diese Person also tun? Und so komme ich zu verschiedenen, ganz großen Lösungen, denn ich stelle mir ja nicht vor, wie ich das Problem lösen würde, sondern wie meine imaginäre Person dies tun würde. Auf diese Weise durchbreche ich meine Denkmuster, sodass ich nicht mehr von meinen eigenen Grenzen gehemmt bin.

Konkret überlege ich mir: Richard Branson würde bei dieser und jener Person anrufen und würde ihr sagen, dass sie dies und das machen solle. Oder er würde selber vielleicht dieses und jenes tun. Bei der Suche nach meiner eigenen Lösung kann ich mir dann sagen: Hm, das geht nicht, dafür habe ich nicht genug Geld. Und bei einer anderen Lösung kann ich mir sagen: Hm, das geht schon, aber dafür habe ich nicht genug Mut. Und dann sage ich mir: Okay, aber wenn Richard Branson das tun kann, dann kann ich das doch eigentlich auch. Es dreht sich also um die schlichte Frage: Wer könnte mein Problem lösen, und wie könnte ich es vielleicht auch selber anpacken?

Mut zur Tat

Innovative Ideen zu haben, ist die eine Sache. Noch wichtiger ist jedoch, sie auch umzusetzen. Denn Ideen und Pläne alleine verändern definitiv nicht die Welt. Gerade für uns Deutsche ist das sehr typisch: Wir planen wahnsinnig gern, wir haben wahnsinnig gern Ideen – und dann planen wir nur noch das Treffen, um den Termin festzulegen, an dem wir uns dazu entscheiden werden, irgendetwas durchzuführen. Wir planen einfach nur, um zu planen, und wir planen nicht, um irgendetwas umzusetzen.

Bei Innovationen muss es darum gehen, wirklich tolle Ideen auf schnellstem Wege auszuführen. Deshalb bin ich ein großer

Freund davon, möglichst wenig zu planen und einfach anzufangen, um dann zu schauen, wie es läuft. Dann plane ich weiter, ohne dabei den Gesamtüberblick, das Gesamtkonzept aus den Augen zu verlieren, aber das Ganze mit viel Energie umzusetzen.

Dabei kann das sogenannte Paretoprinzip, das man auch 80-zu-20-Regel nennt, als Faustregel dienen. Nach diesem Prinzip sind für 80 Prozent der Ergebnisse 20 Prozent des Aufwandes nötig, aber für die restlichen 20 Prozent muss ich nochmal 80 Prozent investieren (siehe Grafik unten). Die Verhältnismäßigkeit spielt also hierbei eine Rolle: Ist es tatsächlich sinnvoll, eine Idee hundertprozentig zu planen, oder reicht es vielleicht schon aus, 20 Prozent zu planen und diese 20 Prozent entsprechend umzusetzen, um dann weiterzuplanen?

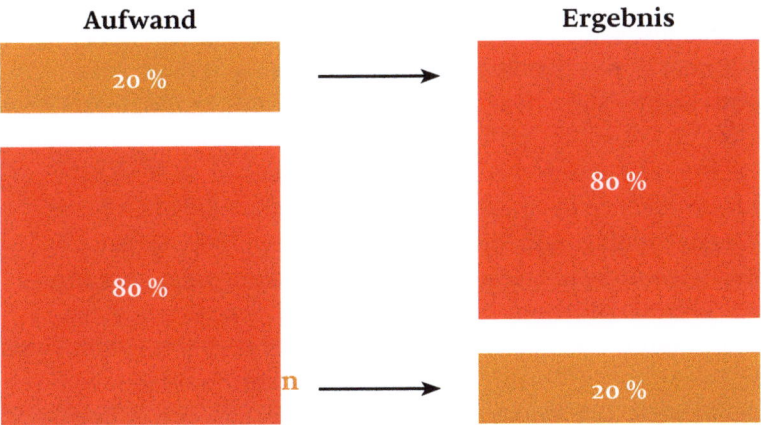

Etwas ebenfalls sehr Wesentliches für die Umsetzung innovativer Ideen sind kurze Lösungswege. Auch hier gibt es bei uns in Deutschland oft viele Hürden. Der FDP-Vorsitzende Christian Lindner hat das gut auf den Punkt gebracht. In einer Rede sagte er: ›In den USA gehen die Gründer zum Gründen in die Garage, und bei uns gehen sie aufs Amt.‹ In Deutschland gibt es sehr viele Gesetze, Statuten, Regeln – alles Mögliche, das jegliche Innovation im Keim erstickt.

Als wir mit unserer Firma ganz am Anfang standen, wollten wir ein Zimmer in unserer Wohnung als Büro nutzen. Das klingt total einfach und hätte für uns selbst gar nicht viel verändert. Aber das ließ sich nicht umsetzen, weil die Baunutzungsverordnung es nicht erlaubt, dass ich Räume meiner Privatwohnung im kommerziellen Sinne als Büro nutze.

Man darf sich von solchen Regeln und Vorschriften nicht entmutigen lassen, sondern muss trotzdem kurze Lösungswege finden, die selbstverständlich legal bleiben müssen. Aber vieles befindet sich vielleicht in einer Grauzone, in der man selber entscheiden kann: Was ist möglich, was ist nicht möglich?

Bei kurzen Lösungswegen kommt es darauf an, Mut zu haben und einfach zu machen – oft mit ein bisschen Bauernschläue. Wenn ich mit einem Firmenvorstand reden möchte, kann ich im Sekretariat nach einem Termin fragen, oder ich kann die Sekretärin bitten, dass sie meine E-Mail an den Vorstand weiterleitet. Oder ich gehe einfach mal bei der Firma vorbei und frage selbst nach dem Vorstand. Dabei könnte ich sagen: ›Ja, ich hab mit dem Vorstand geredet, und er sagte, ich solle mal vorbeikommen‹. Ich gehe also ganz praktisch auf direktem Weg zu meinem Ziel.

Bei der Übersetzung unserer Webseite ins Französische haben wir zuerst gedacht: Dafür müssen wir uns Angebote einholen, eins auswählen, der Firma den Auftrag erteilen, und das Ganze dauert dann mindestens drei Wochen. Letztlich habe ich kurzerhand einen Freund angeschrieben, der französischer Muttersprachler ist. Der hat uns die Seite innerhalb eines halben Tages übersetzt. Es ist also in jedem Fall lohnenswert, auch solche kurzen und einfachen Lösungswege im Blick zu haben.

Ebenso sollten Sie die Bedeutung emotionaler Intelligenz nicht unterschätzen. Dazu gehört zum einen, Ihr Gegenüber und dessen Reaktionen wahrzunehmen, zum anderen aber auch, auf sich selbst und Ihre eigenen Emotionen zu achten. Denn je nachdem, in welcher emotionalen Verfassung Sie sich gerade befinden, nehmen Sie Ideen anders wahr. Wenn Sie sich selbstbewusst fühlen und glauben, dass Sie alles schaffen können, dann werden Sie auf ganz andere Ideen kommen, als wenn Sie sich schlecht fühlen und nur die zu lösenden Probleme im Blick haben. Das ist natürlich dann besonders relevant, wenn es darum geht, ein Team zu motivieren, weil sich die eigene Stimmung auf die Stimmung Ihrer Mitmenschen auswirkt.

Deshalb sollten Sie bei seiner Suche nach innovativen Ideen immer im Hinterkopf haben: Wie fühle ich mich gerade? Und hat diese Stimmung Einfluss auf meine Ideenfindung?

Weiterentwicklung durch Innovation

Wie anfangs schon erwähnt, brauchen wir Innovation vor allem, wenn wir uns weiterentwickeln wollen. Und Weiterentwicklung ist inzwischen unumgänglich geworden in unserer Welt, die sich ständig verändert.

Gegenwärtig zeigt sich das in wirtschaftlicher Hinsicht zum Beispiel am sogenannten Leistungsschutzrecht. Viele Unternehmen, die sich seit Jahren in ihrem Metier bewegen und sich dort etabliert haben, fühlen sich von Firmen wie Google oder von Facebook zunehmend eingeengt, weil diese immer weiter in die etablierten Sparten vordringen und hier für ernste Konkurrenz sorgen. Weil den alten Unternehmen keine innovativen Ideen einfallen, mit denen sie sich weiterentwickeln und mithalten können, wählen sie als letzten Ausweg den Rechtsstreit.

Aktuell ist das bei den Online-Unternehmen Uber und Airbnb der Fall. Bei Uber hat jeder die Möglichkeit, durch einen Lizenzerwerb selbst eine Art Taxifahrer zu sein und auf Plattform von Uber Fahrten anzubieten. Airbnb vermittelt Übernachtungen überall auf der Welt, vor allem in Privaträumen. Beide Unternehmen sind sehr erfolgreich, denn die Taxi- beziehungsweise die Hotelindustrie hat dem nichts entgegenzusetzen. Und genau das ist der Knackpunkt: Statt innovativ zu sein, gehen die Taxi- und die Hotelindustrie den rechtlichen Weg, um den – vermeintlichen – Erfolg einzuklagen.

Letztlich müssen Sie sich immer die zentrale Frage stellen: Wie entwickeln Sie sich weiter, sodass Sie am Ende nicht auf der

 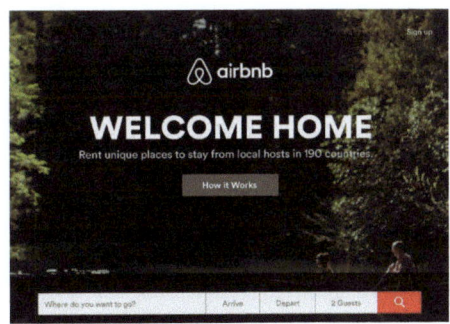

Strecke bleiben? Dabei ist es auch wichtig, Trends und äußere Entwicklungen im Auge zu behalten. Die Firma Kodak hat lange Zeit behauptet: Digitalfotografie ist nur ein kurzer Trend, das setzt sich nicht durch. Mittlerweile sind sie pleite, weil sie den Trend nicht erkannt haben.

Bemerkenswert bei Airbnb und Uber sowie auch zum Beispiel bei Facebook ist: Keine der Firmen besitzt das, was sie verkauft, sondern alle drei sind lediglich Portale für ihre Produkte. Facebook hat keine eigenen Nachrichten, aber trotzdem finden Sie die meisten Nachrichten auf Facebook. Uber hat keine eigenen Taxis, aber sie verkaufen trotzdem Fahrten. Airbnb hat keine Hotels, aber sie verkaufen trotzdem Übernachtungen.

Und genau daran werden zwei Dinge deutlich, die ich zum Abschluss noch bedenken und Ihnen mit auf den Weg geben möchte.

Das eine ist: Innovativ sind im täglichen Leben nur sehr, sehr wenige Menschen tun. 99 Prozent der Menschen leben in einer

Welt, die ein Prozent der Bewohner kreiert haben. Das andere hat Steve Jobs mit folgenden Worten gut auf den Punkt gebracht:

›All das, was wir um uns herum wahrnehmen und das wir heute Leben nennen, wurde von Leuten kreiert, die keinen Meter schlauer waren als wir. Sie waren ganz genauso drauf wie wir.‹

Wenn Sie Ihre Ideen realisieren, können Sie die Geschichte verändern. Sie können Einfluss darauf nehmen und können eine Sache größer und besser machen. Dessen sollten Sie sich immer bewusst sein. Es liegt an Ihnen selbst, ob Sie zu diesem einen Prozent der Menschen gehören, die Zukunft schaffen für andere und heute die Grundpfeiler für morgen legen. Dafür brauchen Sie nur ein bisschen Mut, um Grenzen zu überschreiten. Den hat der Pressebund in seiner Vergangenheit schon oft gezeigt. Weiter so.«

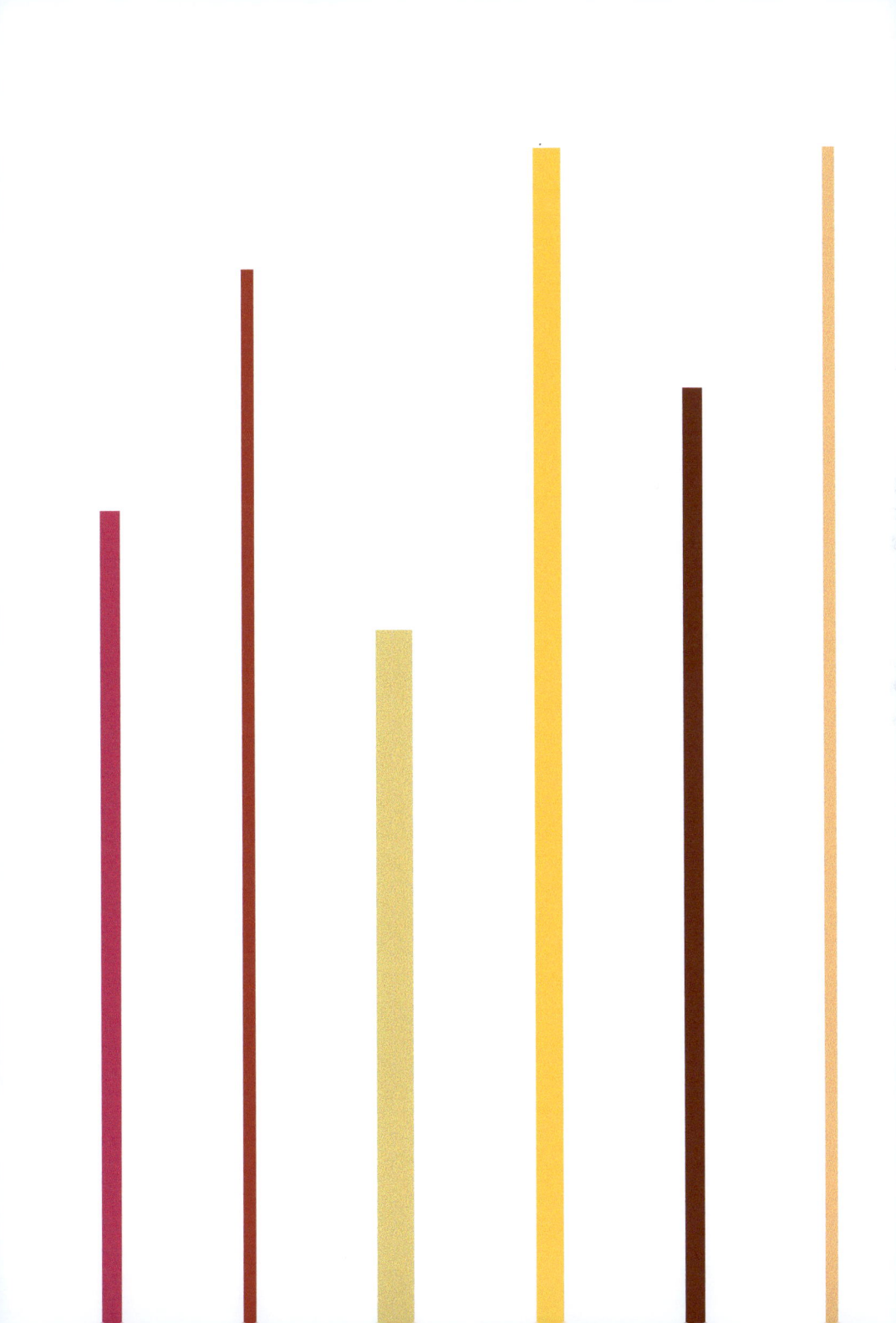

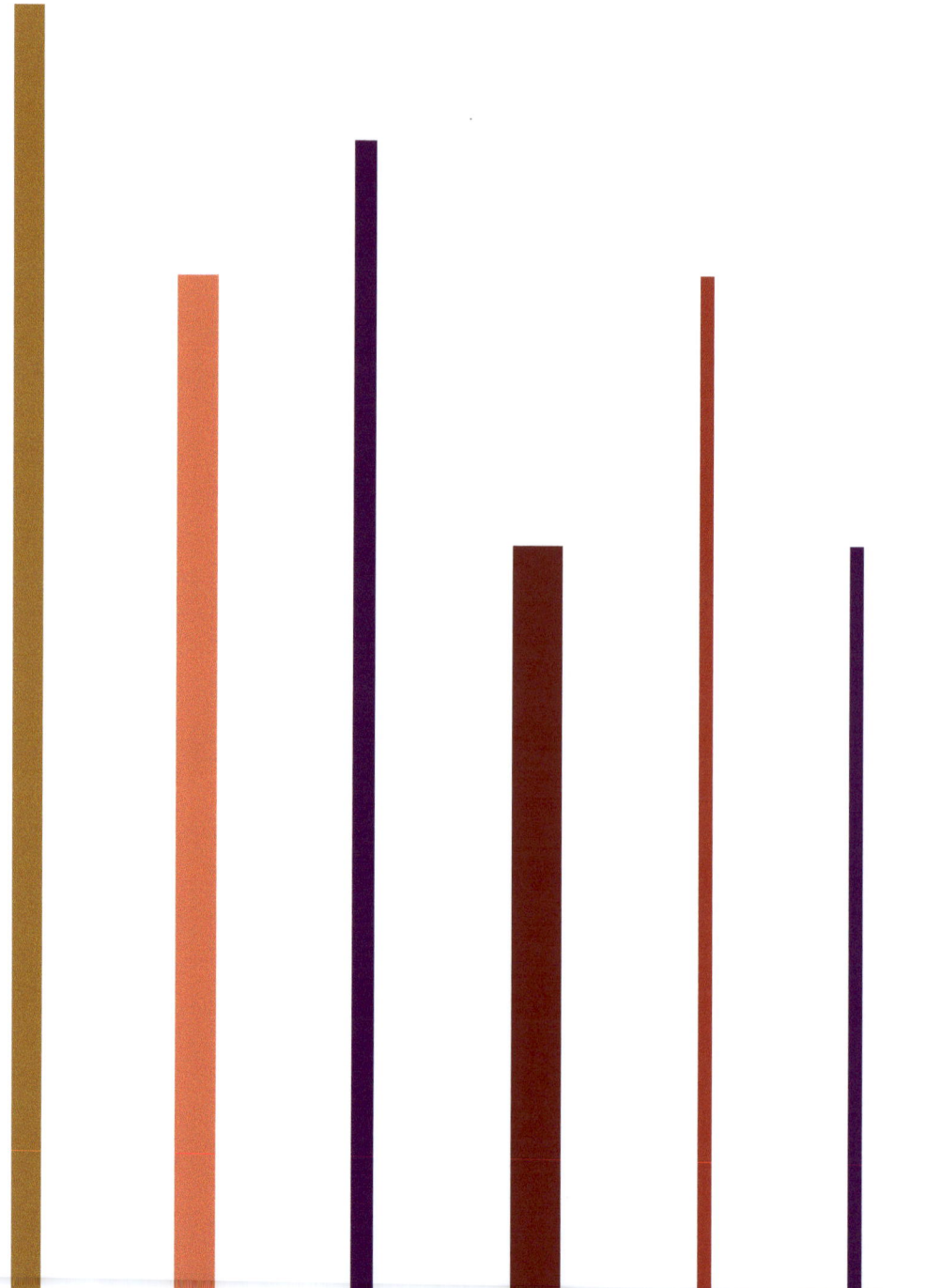

IMPRESSUM

Herausgeber
Stefan Lesting, Br. Paulus Terwitte

Autoren
Günter Beaugrand, Christian Besner, Stefan Lesting,
Albert Steuer, Br. Paulus Terwitte

Satz und Layout
Frauke Schneider

Herstellung und Verlag
BoD – Books on Demand, Norderstedt
ISBN 978-3-7386-1802-0

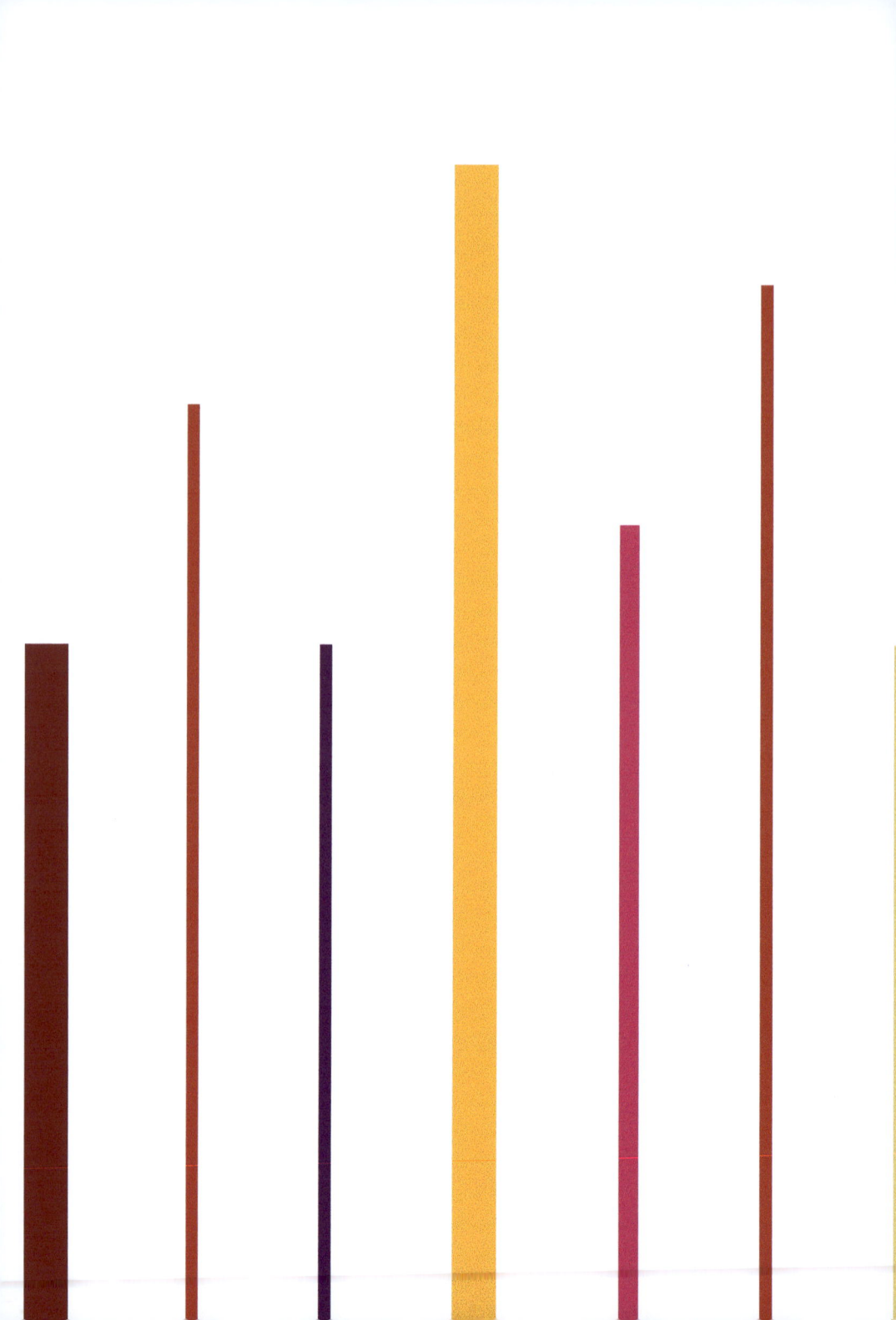